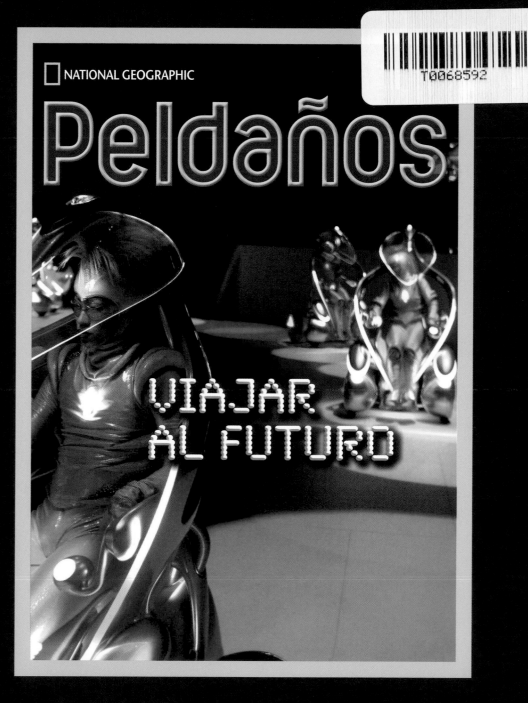

NATIONAL GEOGRAPHIC

Peldaños

VIAJAR AL FUTURO

T0068592

¡Los carros del futuro

Pisa el acelerador

¿Cómo vas de un lugar a otro? Puedes caminar, ir en bicicleta, en carro o viajar en autobús. Hay más carros y camiones en los caminos de los Estados Unidos hoy que nunca antes. Pero los precios de los combustibles aumentan, por lo que la gente demanda vehículos que consuman menos o nada de combustible. Por lo tanto, nuestras opciones de **transporte** están comenzando a cambiar. Los investigadores se enfocan en tipos de carros más ecológicos, mejores combustibles para el medio ambiente y que puedan hacer que ahorremos dinero.

Sorprendentemente, durante más de un siglo los científicos han experimentado con vehículos que no funcionan con gasolina. Alrededor de 1900, cerca de un tercio de todos los carros de las grandes ciudades eran carros eléctricos, pero la gente quería carros más potentes y veloces que pudieran recorrer mayores distancias. La gasolina era barata y fácil de obtener a comienzos del siglo XX. Por lo tanto, los carros con **motores de combustión interna** eran la mejor opción. La mayoría de la gente todavía conduce carros que funcionan con gasolina, pero esto está comenzando a cambiar.

La mayoría de los carros de las carreteras funcionan con gasolina que hace funcionar motores a combustión.

¡ya están aquí!

por Stephanie Herbek

El precio de la gasolina ayer y hoy

Año	1930	1950	1970	1990	2000	2010	2011
Promedio de precio por galón de gasolina común sin plomo	$0.17	$0.25	$0.50	$1.16	$2.35	$2.76	$3.50

Motor de combustión interna: cómo funciona

Al girar la llave en un vehículo que funciona con gasolina, la electricidad fluye desde la batería del carro hasta el motor y lo hace girar. Las chispas encienden el combustible, que hace que los pistones dentro del motor se muevan hacia arriba y hacia abajo. Esto activa la bomba de combustible, que hace que la gasolina entre en el motor. A medida que se mueven los pistones, hacen girar el cigüeñal y transmiten la potencia a la transmisión, lo que hace que el auto se mueva.

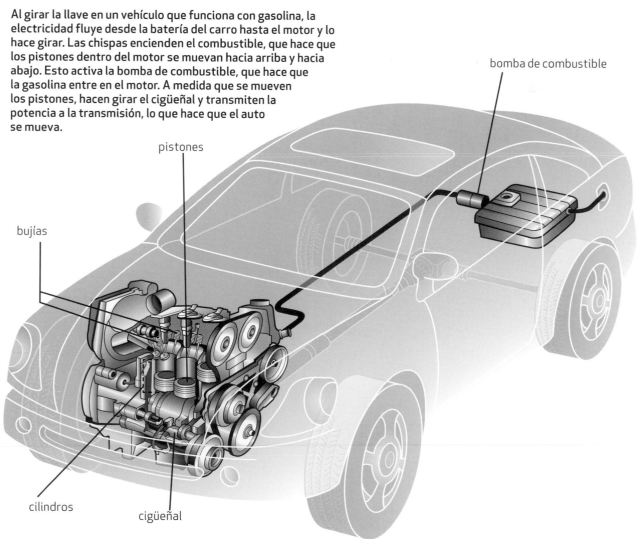

bomba de combustible

pistones

bujías

cilindros

cigüeñal

Dos en uno

En ciencias, un **híbrido** es una combinación de dos cosas distintas. En el mundo de los carros, un híbrido es un vehículo que funciona con un motor eficiente a gasolina más un motor eléctrico con batería. Los híbridos contaminan menos y su uso es más económico que los carros que funcionan con gasolina, lo que hace que sea una **innovación** automotora. El primer carro de pasajeros híbrido se introdujo en 1997.

Los primeros híbridos eran caros y lentos en comparación con los carros a gasolina, pero estos vehículos han mejorado. En la actualidad, la mayoría de los fabricantes de carros ofrecen vehículos híbridos. En 2007, se produjeron aproximadamente 700,000 híbridos. Este número puede triplicarse en los años venideros.

Los autobuses urbanos híbridos se ven comúnmente en EE. UU., Europa, Escandinavia y Canadá.

Diseños ingeniosos de carrocerías y materiales livianos ayudan a los híbridos a moverse con más eficiencia.

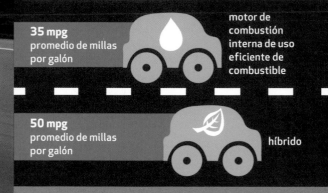

Eficiencia de consumo de combustible

35 mpg promedio de millas por galón

motor de combustión interna de uso eficiente de combustible

50 mpg promedio de millas por galón

híbrido

Híbrido: cómo funciona

Las baterías recargables brindan parte de la energía necesaria para hacer funcionar los carros híbridos. Las baterías se cargan cuando el carro se mueve. El motor a gasolina de este híbrido se apaga cuando el carro se detiene. El motor eléctrico del carro y las baterías ayudan a volver a encender el carro cuando es hora de ponerse en marcha.

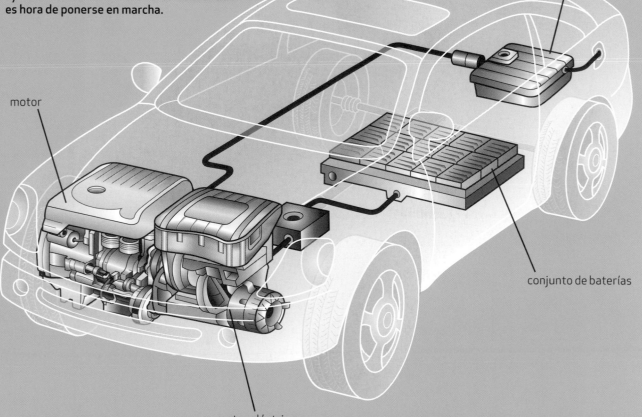

tanque de gasolina

motor

conjunto de baterías

motor eléctrico

Enchúfalo

¿Qué sucedería si un familiar tuyo tuviera que enchufar el carro cada noche? Un vehículo eléctrico, o "VE", funciona con una batería o celda de combustible que obtiene su energía de la electricidad. Los dueños enchufan su VE en una fuente de energía eléctrica o estación de carga del vecindario. Algunos VE tienen un tanque de gasolina, pero la gasolina se usa solo como combustible de reserva.

Los VE no son perfectos. Son más caros que los carros a gasolina y los híbridos similares. No pueden ir muy lejos sin tener que recargarse.

Los carros a gasolina generalmente pueden recorrer al menos 300 millas antes de necesitar más gasolina, pero la mayoría de los VE deben recargarse después de 100 a 200 millas de recorrido. Adicionalmente, puede tomar hasta ocho horas para que las baterías de algunos VE estén completamente cargadas. Esto es mucho más lento que llenar un tanque de gasolina. Muchos dueños de estos carros cargan sus VE de noche, así los carros están listos para funcionar en la mañana.

Aquí se muestra a Thomas Edison con un vehículo eléctrico en 1913. Creía que los carros del futuro funcionarían con electricidad.

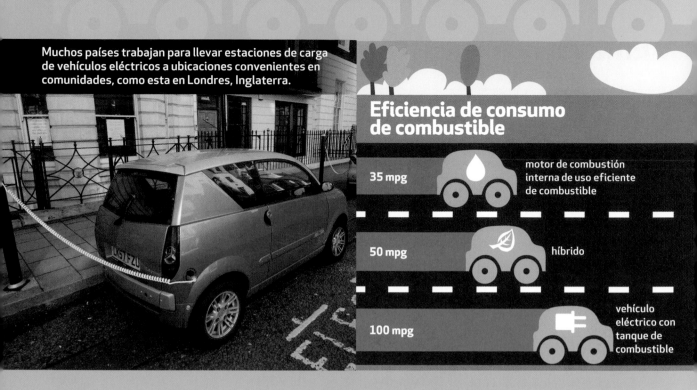

Muchos países trabajan para llevar estaciones de carga de vehículos eléctricos a ubicaciones convenientes en comunidades, como esta en Londres, Inglaterra.

Eficiencia de consumo de combustible

35 mpg	motor de combustión interna de uso eficiente de combustible
50 mpg	híbrido
100 mpg	vehículo eléctrico con tanque de combustible

Vehículo eléctrico: cómo funciona

Los VE funcionan únicamente con electricidad. Los dueños enchufan su carro en una fuente eléctrica, como una estación de carga, para cargar sus baterías. Las baterías hacen funcionar el motor. Los científicos intentan desarrollar baterías más pequeñas y livianas que puedan recargarse más rápidamente.

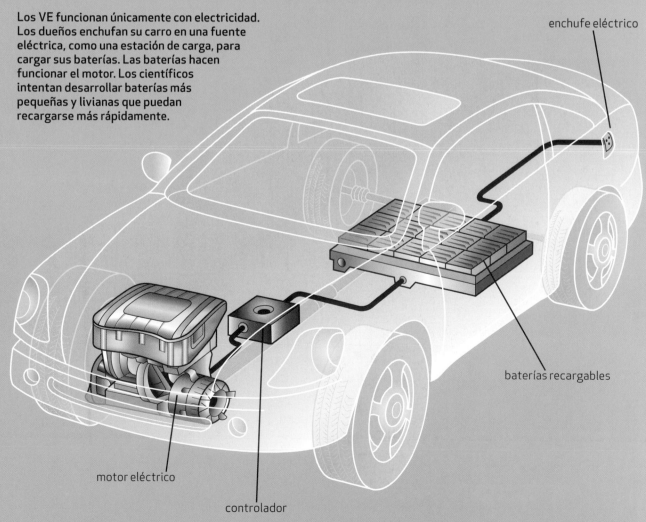

enchufe eléctrico

baterías recargables

motor eléctrico

controlador

Cultivado en casa y bien frito

"¡Llénalo!". En el pasado, esta frase siempre significaba: "Llena el tanque del carro con gasolina".

La gasolina y el combustible diésel que se hacen del petróleo provienen de combustibles fósiles que deben extraerse de la tierra. Pero los carros también pueden funcionar con otros tipos de combustibles. Los **biocombustibles** son combustibles hechos de materiales que podemos cultivar en lugar de extraer. La mayoría de los biocombustibles provienen de seres vivos, generalmente plantas. El etanol y

el biodiésel son dos de los biocombustibles más comunes usados en la actualidad.

El etanol se hace a partir de cultivos como el maíz, la hierba y la batata. Se usa como sustituto de la gasolina. El biodiésel se hace a partir de aceite vegetal o grasa animal y se usa en lugar del combustible diésel. El etanol y el biodiésel también producen menos contaminación que los combustibles fósiles. Y son fáciles de producir. Muchos países dependen de los combustibles fósiles, por lo tanto, producir y usar biocombustibles les permitirá usar menos combustibles fósiles.

El aceite vegetal que se usa como combustible primero debe filtrarse.

Los carros que funcionan con combustible diésel también pueden funcionar con combustible de aceite vegetal.

Las estaciones de biocombustibles ofrecen combustibles alternativos, como B99 y E85.
99% biodiésel + 1% diésel de petróleo = B99
85% etanol + 15% gasolina = E85

Gasoline
Biodiesel
Ethanol
Reduce. Refuel. Renew.

Biodiesel B99	359 9/10
Ethanol E85	
Unleaded	327 9/10
Unleaded Plus	353 9/10
Unleaded Premium	363 9/10

¿Qué tiene tu etanol?

EE. UU.	China	Brasil
maíz	papas	caña de azúcar
principalmente en el Medio Oeste y California		

Aceite vegetal como combustible: cómo funciona

El combustible diésel enciende el motor del carro. El motor calienta el aceite vegetal en el tanque. Cuando el aceite está tibio, el carro comienza a funcionar con aceite vegetal en lugar de combustible diésel. Cuando el carro se detiene, el motor vuelve al combustible diésel para poder arrancar de nuevo.

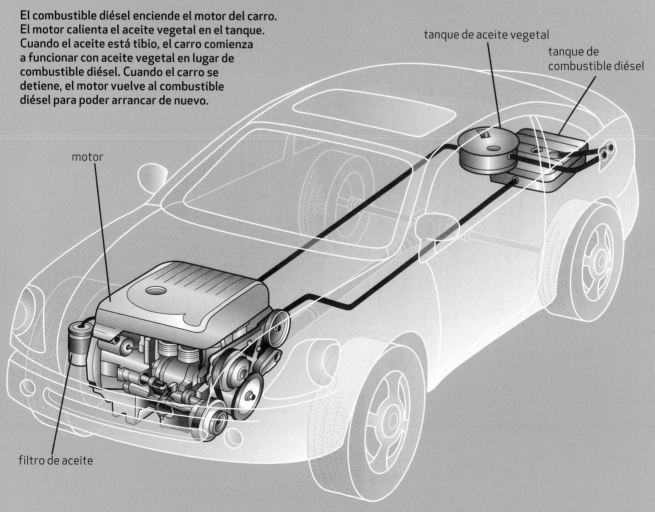

tanque de aceite vegetal

tanque de combustible diésel

motor

filtro de aceite

Funcionar con hidrógeno

Los vehículos que funcionan con hidrógeno podrían ser el futuro del transporte. Estos vehículos usan la electricidad de celdas de combustible. En una celda de combustible, el hidrógeno se combina con oxígeno, lo que produce una reacción química y genera electricidad. La electricidad que se produce en la celda de combustible hace funcionar los motores que hacen girar las ruedas. Los carros que funcionan con hidrógeno no producen contaminación. En estos momentos existen pocas estaciones para cargar hidrógeno. La fabricación de celdas de combustible es cara, pero la investigación sobre este tipo de **tecnología** está progresando.

En Reykjavik, Islandia, se usan autobuses que funcionan con hidrógeno.

Ventajas y desventajas de los vehículos ecológicos

	Ventaja	Desventaja
Vehículo híbrido	• Mayor distancia recorrida • Reducción de la contaminación	• Más caro que la mayoría de los vehículos que solo funcionan con gasolina • Aceleración más lenta que los vehículos que solo funcionan con gasolina
Vehículo eléctrico	• Muy eficiente • Contaminación mínima o nula	• Menor recorrido entre cargas que otros tipos de vehículos • Tiempo de recarga largo
Vehículo con aceite vegetal	• Abundante biomasa disponible para producir combustible • Menos contaminación que los vehículos a gasolina	• Menos millas por galón que la gasolina • Se requiere hacer modificaciones al carro • Combustible de aceite vegetal no certificado por EPA
Vehículo a hidrógeno	• Cero emisiones • Menor dependencia de combustible fósil	• Aún en etapas experimentales • Pocas estaciones de hidrógeno disponibles para recarga

¿Cuál es el futuro de la tecnología de la energía para el transporte? ¿Etanol? ¿Electricidad? ¿Hidrógeno? Seguramente será diferente de la tecnología actual. Y afectará a nuestros caminos, nuestras comunidades y nuestro planeta.

Compruébalo ¿Qué vehículo ecológico elegirías? ¿Por qué?

¡Moverse a lo largo, por debajo y hacia arriba!

por John Manos

Los seres humanos siempre se han esmerado por superar **limitaciones**. Hemos intentado trasladarnos más lejos, más rápido, más alto y más profundo desde que aprendimos a caminar. Forzamos nuestro cuerpo a hacer más de que lo que es capaz de hacer.

A través de la historia, los seres humanos han deseado un **transporte** mejor. No tenemos alas que nos permitan volar como las aves o agallas que nos permitan nadar como los peces. Nuestro cuerpo nos restringe. Pero tenemos algo mejor: nuestro cerebro. Y tenemos curiosidad. Nuestra capacidad de inventar, unida a la **tecnología**, nos ha permitido sobrepasar nuestras limitaciones físicas. Las invenciones nos han ayudado a explorar la Tierra. Y la **innovación** en tecnología nos ha llevado a todos lados: ¡por tierra, bajo el agua y al cielo!

Por tierra

Cruzar un continente no es suficiente para los curiosos seres humanos. Queremos hacerlo rápido. Los primeros colonos europeos que cruzaron Norteamérica caminaron casi todo el camino y usaron bueyes o mulas para llevar sus pertenencias en carretas. A veces iban montados, pero básicamente caminaron miles de millas.

Cuando se completó el ferrocarril transcontinental en 1869, se pudo viajar de Nueva York a San Francisco. Un viaje que alguna vez tomó seis meses pudo completarse en una semana.

¡Solo piensa en cómo se habrían sentido esos viajeros con la innovación de un tren bala! El diseño de los vagones del tren y el riel hacen que el tren de alta velocidad sea muy rápido. Los ingenieros se inspiraron en el pico de un martín pescador para el diseño y la forma eficiente del frente del tren. Los trenes bala pueden llegar a velocidades superiores a los 322 kilómetros por hora (200 mph). Esto es lo suficientemente rápido como para cruzar Norteamérica en 15 horas.

Los trenes Shinkansen japoneses entraron en servicio en las líneas ferroviarias en 1964. En la actualidad, la velocidad de viaje aumentó de 210 km/h (130 mph) a 300 km/h (185 mph). Los futuros desarrollos del tren bala incluirán desplazarse sobre rieles Maglev (levitación magnética). La tecnología Maglev permite velocidades de aproximadamente 482 km/h (300 mph) o más.

El ingeniero inglés George Stephenson ganó una competencia inglesa de ferrocarriles en 1829 con su locomotora. *The Rocket* llevó 30 pasajeros a aproximadamente 48 kilómetros por hora (30 millas por hora).

Las *Big Boys* del Union Pacific estaban entre las locomotoras más grandes jamás construidas. Se construyeron a fines de la década de 1930. Ya en 1961, todas estaban fuera de servicio.

En 1934 la locomotora eléctrica y a diésel Burlington *Zephyr*, de acero inoxidable, hizo un viaje del amanecer al anochecer desde Denver, CO, a Chicago, IL. Sobrepasó todos los récords de velocidad de la época. Su promedio fue de aproximadamente 124 km/h (77 mph) y viajó a unos asombrosos 180 km/h (112 mph) a lo largo del trayecto.

AMBITIOUS JAPAN!

Bajo el agua

Siempre hemos podido nadar, y probablemente siempre hemos querido seguir a los peces bajo las olas. Los misterios de las aguas profundas del océano estimulan la imaginación humana. ¿Qué podemos encontrar en el fondo del mar? ¿Qué animales pueden vivir en ese lugar oscuro?

Desafortunadamente, el fondo del océano es tan hostil para el ser humano sin protección como la superficie de la Luna. Estamos limitados a la profundidad a la que podemos sumergirnos en el océano. El equipo de buceo nos permite sumergirnos más profundamente que sin él.

El punto más profundo del océano es casi 18 veces mayor que lo que podemos sumergirnos con un equipo de buceo. En el fondo mismo del océano, la presión es 1,000 veces mayor que en la tierra al nivel del mar. Los científicos continúan desarrollando máquinas que puedan soportar grandes millas de presión bajo el agua. Algunos submarinos se manejan a control remoto y otros llevan seres humanos. Aun así, cada inmersión profunda aporta más conocimientos sobre las profundidades del océano.

A medida que la tecnología se desarrolla, las inmersiones bajo el agua no solo se tratan de sumergirse profundamente. Los científicos consideran cuánto tiempo puede permanecer bajo el agua un submarino. Establecen metas que un equipo de buzos pueda cumplir a bordo. El *Jialong* es un submarino chino para grandes profundidades. Se llama así por un mítico dragón marino. El submarino está diseñado para llegar a profundidades de hasta 7 kilómetros (4 millas/21,120 pies).

El primer intento por llegar al fondo del mar se hizo en la *Batisfera*, que no funcionaba con combustible. La construyó el ingeniero estadounidense Otis Barton. En 1932, el naturalista William Beebe y él llegaron exitosamente a una profundidad de 923 metros (3,028 pies) en la *Batisfera*.

El científico suizo Auguste Piccard, junto con su hijo Jacques, creó el batíscafo *Trieste*. El Abismo Challenger de la Fosa de las Marianas, en el océano Pacífico, es el punto más profundo de la Tierra. En 1960, Jacques y el teniente estadounidense Don Walsh descendieron en la fosa. Tocaron el fondo a 10,915 metros (35,810 pies).

El robot *Nereus*, cuyo nombre proviene del dios griego del mar, hizo una inmersión extremadamente profunda. Se sumergió a 10,902 metros (35,768 pies) bajo la superficie. Se controló remotamente desde un barco.

En el aire

De todos los sueños humanos, volar debe ser uno de los más antiguos. Siempre hemos estado cautivados por la capacidad de las aves. La mitología de épocas antiguas muestra cuánto se anhelaba unirse a las aves en el aire. En su lecho de muerte, en 1519, el genio renacentista Leonardo da Vinci dijo que lamentaba no haber podido volar nunca.

A través de los años, muchos científicos e ingenieros intentaron elevarse en el aire. Algunos estuvieron más cerca que otros, pero el vuelo controlado siguió siendo un sueño. Luego, en 1903, dos fabricantes de bicicletas estadounidenses, Wilbur y Orville Wright, cambiaron el sueño de volar para siempre.

Desde entonces, volar se ha convertido en una rutina para los aviones que cruzan la Tierra de un lado a otro todos los días. Pero volar solo, como un ave, ir donde uno desee, todavía no está a nuestro alcance. Pero nada puede detener el espíritu humano. Nuestra capacidad de diseñar nueva tecnología, como siempre, se unirá a nuestra imaginación. Esto abrirá métodos de transporte que hoy no podemos vislumbrar. Si podemos soñarlo, tarde o temprano lo construiremos.

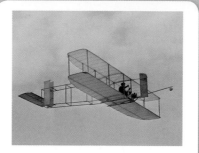

A comienzos de la década de 1780, los hermanos franceses Joseph-Michel y Jacques-Etienne Montgolfier inventaron el primer globo aerostático. El aire caliente de una hoguera llenaba un globo de seda unido a una cesta. El globo aerostático se elevaba. El globo volaba donde sea que el viento quisiera llevarlo.

El 17 de diciembre de 1903, Wilbur y Orville Wright volaron 120 pies en 12 segundos. Fue el primer vuelo propulsado de la humanidad, pero estaba lejos de ser el último. Los hermanos continuaron experimentando. La aviación moderna refleja sus innovaciones.

Un premio para un avión propulsado por el hombre inspiró al estadounidense Paul MacCready. Diseñó un avión aerodinámico muy liviano propulsado por el movimiento humano. En 1977, Bryan Allen pedaleó en el avión en un recorrido con forma de ocho. El vuelo duró 7 minutos y 27 segundos y alcanzó aproximadamente 17 kilómetros por hora (11 mph).

El piloto e inventor suizo **Yves Rossy** se lanza de un avión usando un ala de seis pies. Tiene cuatro pequeños motores a chorro. Navega moviendo su cuerpo de lado a lado y aterriza con un paracaídas.

Compruébalo ¿Cómo influyen las ciencias en el transporte?

MOVERSE VELOZMENTE

por Renee Bierman
ilustraciones de Stephen Gilpin

NARRADOR

BRENNA, mujer

RIPLEY, varón   **KENDRA, mujer**

SIDNEY, mujer   **GAVIN, varón**

INTRODUCCIÓN

ESCENARIO *La obra tiene lugar en un futuro lejano. El NARRADOR entra y habla al público para explicarle este mundo nuevo y emocionante.*

NARRADOR: ¡Bienvenidos al futuro! ¿Cuál es su predicción sobre cómo se vivirá? ¿Carros **aerotransportados?** ¿Personas que usan cinturones cohetes para movilizarse? Todo es verdadero. Los seres humanos acordaron mantenerse alejados de la superficie de la tierra tanto como fuera posible como experimento para repoblar la naturaleza y proteger a las especies animales. Aunque no hay problemas con bajar al suelo de nuevo, ¡viajar y jugar allí son cosas del pasado! Estos días, todos viven lejos del suelo en edificios de departamentos que llegan a las nubes. Brenna y Ripley son hermanos, y se están mudando a su nueva casa Súperalta, Elevada. ¡No saben que una sorpresa del pasado los aguarda!

ACTO 1

[**ESCENARIO** *En la casa Súperalta, Elevada,* BRENNA, RIPLEY, KENDRA, SIDNEY *y* GAVIN *están sentados en la sala. Están rodeados de cajas de mudanza y muebles que acaban de llegar*].

SIDNEY: ¡Me encanta su nuevo departamento, chicos! Ahora van a estar mucho más cerca de todos nosotros.

RIPLEY: ¡Sí! Me alegro de que ya no tengamos que tomarnos dos aerobuses para ir a la escuela.

BRENNA: Y ahora cada uno tiene su propia habitación, que es bueno porque me estaba cansando de escuchar a Ripley roncar.

[RIPLEY *mira enojado a* BRENNA].

GAVIN: ¿Qué debemos hacer hoy? ¿Quieren volar al nuevo VuelaPlex?

KENDRA: [*molesta*] Siempre vamos a VuelaPlex, ¡y es aburrido!

SIDNEY: No es cierto. Siempre la pasamos bien, ¡y hasta traje mi nuevo cinturón cohete!

RIPLEY: [*interrumpiendo*] Esperen, chicos. Hoy no podemos salir a divertirnos.

BRENNA: [*suspira*] Sí, perdón. Mamá dice que tenemos que limpiar la bodega que viene con el departamento. Es una de nuestras tareas.

GAVIN: Somos cinco. Podemos hacerlo rápidamente y luego todos podemos ir a VuelaPlex. [*Mira a KENDRA*].

KENDRA: [*mueve la cabeza y sonríe*] Bien, bien. Limpiémosla y luego podemos irnos.

ACTO 2

[**ESCENARIO** *La mamá de Brenna y Ripley abre la puerta de la bodega de su departamento. La habitación está llena de cajas y objetos del pasado. BRENNA, RIPLEY, KENDRA, SIDNEY y GAVIN entran. Todos se muestran confundidos por lo que ven*].

KENDRA: ¿Qué SON todas estas cosas? [*levanta el par de botines de fútbol y examina las suelas*] ¿Por qué alguien usaría zapatos con clavijas en la suela?

RIPLEY: [*se encoje de hombros*] No sabemos qué es nada de esto.

BRENNA: Por eso debemos deshacernos de esto: es solo chatarra vieja.

[KENDRA *arroja los botines de fútbol en su caja y dentro del cesto de basura. GAVIN y SIDNEY comienzan a levantar objetos para desecharlos. RIPLEY se acerca a mirar una caja grande en el rincón. Al costado de la caja hay dos palabras:* ZIPP DOBLE].

RIPLEY: [*emocionado*] Oigan, ¡miren esto! ¿Alguna vez oyeron hablar de un ZIPP DOBLE?

[BRENNA, KENDRA, GAVIN *y* SIDNEY *se reúnen alrededor de la caja. Todos murmuran "No" o sacuden la cabeza para mostrar que no reconocen el nombre*].

GAVIN: [*curioso*] Dejemos eso para el final y luego descubrimos de qué se trata.

BRENNA: Buena idea, Gavin. Manos a la obra.

ACTO 3

[**ESCENARIO** *Aún en la bodega. No queda nada, excepto las partes de la ZIPP DOBLE*].

SIDNEY: Aquí hay imágenes que muestran cómo armar esto, pero no hay palabras, excepto: "Muévete en tu ZIPP DOBLE. Es el doble de divertido".

GAVIN: [*preocupado*] ¿Creen que podamos entenderlo?

RIPLEY: [*confiado*] Seguro que sí. Somos **innovadores**, ¿no? Comencemos desde el principio y vamos desde allí.

[*Los personajes comienzan a armar la estructura misteriosa*].

BRENNA: Esto es algo divertido, en verdad.

KENDRA: Creo que debe haberse usado como una manera de viajar. Tengo un holograma de mi tátara tatarabuela sentada en un vehículo antiguo construido con **tecnología** del pasado. La foto se tomó en la época en que los edificios comenzaban en la planta baja y llegaban a unos 30 pisos o por ahí. Los llamaban "rascacielos".

BRENNA: ¡Ja! Qué gracioso. Es muy raro. Bueno, quizá este era un vehículo.

[*Las luces se apagan. Los personajes se quedan estáticos cuando el NARRADOR entra en escena*].

NARRADOR: El grupo de amigos trabajó durante horas para armar la misteriosa ZIPP DOBLE. Creían que la estructura completa les daría todas las respuestas, pero todavía estaban confundidos.

[*El NARRADOR sale. Se encienden las luces. La ZIPP DOBLE está ensamblada. Es una bicicleta para dos personas. Todos los personajes se ven incluso más confundidos*].

GAVIN: [*irritado*] Supongo que fallamos en el "experimento **transporte**". ¿Qué haremos con ESO?

RIPLEY: [*suspira*] Realmente no lo sé.

BRENNA: [*se sienta en el parachoques trasero de la ZIPP DOBLE e intenta hacer que se mueva, parece desconcertada*] Ojalá pudiéramos viajar al pasado para preguntarle a tu tátara tatarabuela qué se hacía con cosas como esta. Parece genial, pero no la comprendo.

SIDNEY: [*saca un papel arrugado de la caja de la ZIPP DOBLE, emocionado*] ¡Esperen! Quedó una página en la caja. ¡Miren! ¡Es una ilustración de personas usando la ZIPP DOBLE!

[*Los personajes se reúnen alrededor para observar el papel. Parece que ahora comprenden para qué es la ZIPP DOBLE*].

KENDRA: Este tipo de tecnología se mueve en el suelo.

GAVIN: ¿El suelo? ¡Nadie anda por el suelo! No sé si podemos volar tan bajo.

RIPLEY: Escuché que se usaban caminos por el suelo antes de que todos se transportaran por el aire. Observen la ilustración atentamente. . .

ACTO 4

BRENNA: [*contenta*] Nunca estuve aquí abajo antes. Mis padres dicen que bajaron una o dos veces antes de que naciéramos. En realidad es bonito.

GAVIN: Sé qué quieres decir. ¡Observen todos estos insectos y plantas! ¡Y qué bien que se está en tierra firme! [*Salta una y otra vez en un camino*].

[*Todos los personajes miran a su alrededor con asombro*].

KENDRA: Probemos la ZIPP DOBLE. En la ilustración, había dos personas sentadas en ella.

[*RIPLEY y GAVIN se sientan en los asientos de la ZIPP DOBLE*].

RIPLEY: ¿Qué hacemos ahora? No estoy seguro de qué hacer si no estoy en la Zona de vuelo humano.

[*Todos se ríen*].

[*Los personajes se quedan estáticos. El NARRADOR entra en escena*].

NARRADOR: [*divertido*] Seguramente, cualquiera del pasado sabría exactamente qué hacer con la ZIPP DOBLE, pero nuestro cuento es en el futuro. La clave es usar los pedales juntos al mismo tiempo. Los pobres RIPLEY y GAVIN intentaron primero pedalear en direcciones opuestas, por lo que no se movieron en absoluto. Pero lo intentaron una y otra vez, ¡y finalmente hicieron funcionar la vieja bicicleta!

[*El* NARRADOR *se retira. Los personajes se mueven*]. [RIPLEY *y* GAVIN *montan juntos en la bicicleta. Están sorprendidos y emocionados*].

GAVIN: ¡Esto es maravilloso!

RIPLEY: ¡Nunca me imaginé que nos íbamos a divertir tanto con esta cosa vieja y destartalada que ni siquiera vuela!

BRENNA: Se ve muy emocionante. ¡Déjenme probar!

KENDRA: ¡Sí! ¡Vuelvan, chicos!

SIDNEY: Nos podemos turnar todos. Tenemos todo el resto del día para jugar con la ZIPP DOBLE, ¡y esto será mucho más divertido que el VuelaPlex!

KENDRA: ¡Es cierto!

[*Los personajes se quedan estáticos. El NARRADOR entra en escena*].

NARRADOR: El resto del día, cada vez más personas fueron a ver la ZIPP DOBLE. Los carros y los aerobuses volaban bajo para que los pasajeros pudieran ver qué sucedía en el suelo. La noticia se divulgó rápidamente y más amigos se unieron a Ripley, Kendra, Brenna, Gavin y Sidney.

[*El NARRADOR sale. Los personajes se mueven. Todos se ponen de pie junto a la ZIPP DOBLE. Están cansados, luego de un día largo de montar bicicleta*].

GAVIN: No puedo creer que se abandonara este medio de transporte. Con un poco de práctica, les aseguro que uno puede moverse bastante rápido.

BRENNA: Bueno, ahora la volvimos a sacar al mundo.

RIPLEY: ¡Y yo creía que solo sería una silla voladora! Brenna y yo probablemente la habríamos tirado mientras limpiábamos.

KENDRA: ¡Estas ruedas son otra cosa! Demos vueltas otra vez. Esta vez quiero ir realmente rápido, ¡directo al futuro!

[*Todos los personajes se ven contentos y uno saca un aparato de mano realmente pequeño y toma una foto*].

Compruébalo ¿En qué se diferencia el transporte de esta obra de teatro al de la actualidad?

31

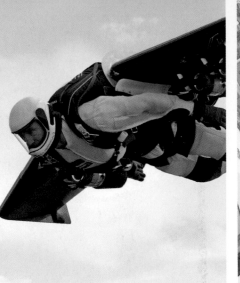

Comenta | Ideas del texto

1. ¿Qué crees que conecta las tres lecturas que leíste en este libro? ¿Qué te hace pensar eso?

2. ¿Cómo te ayudan los diagramas del primer artículo a comprender las diferencias entre los carros modernos?

3. Los primeros dos artículos de este libro tienen una estructura de texto comparativo. ¿Qué compara cada artículo? ¿En qué se parecen y en qué se diferencian las comparaciones de cada artículo?

4. Resume lo que sucede en la obra de teatro.

5. ¿Cómo te ayuda el narrador a comprender los sucesos de la obra de teatro?

6. ¿Qué preguntas tienes aún sobre las innovaciones en el transporte? ¿Sobre qué te gustaría saber más?